AF494252

VENTE

HOTEL DROUOT — SALLE N° 11

Les Lundi 27 et Mardi 28 Mars 1905

A 2 HEURES 1/4

BEAUX AMEUBLEMENTS

de Style XVIIIe Siècle

OBJETS D'ART

TABLEAUX ANCIENS ET MODERNES

Tapisseries — Etoffes brodées

COUPÉ DE MULBACHER

Me E. BRAOUÉZEC
COMMISSAIRE-PRISEUR
41, *rue de la Victoire*, 41

M. Arthur BLOCHE
EXPERT PRÈS LA COUR D'APPEL
51, *rue Saint-Georges*, 51

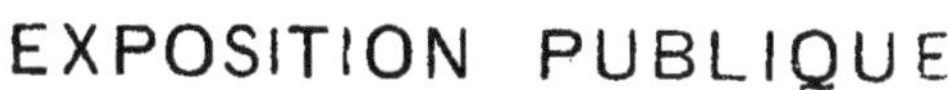

EXPOSITION PUBLIQUE

Le Dimanche 26 Mars 1905, de 2 heures à 5 h. 1/2

C. CHAUFOUR

8-10, RUE MILTON, 8-10

PARIS

CONDITIONS DE LA VENTE

La vente sera faite expressément au comptant.

Les acquéreurs paieront *dix pour cent* en sus du prix d'adjudication.

L'exposition mettant le public à même de se rendre compte de la nature et de l'état des objets, aucune réclamation ne sera admise une fois l'adjudication prononcée.

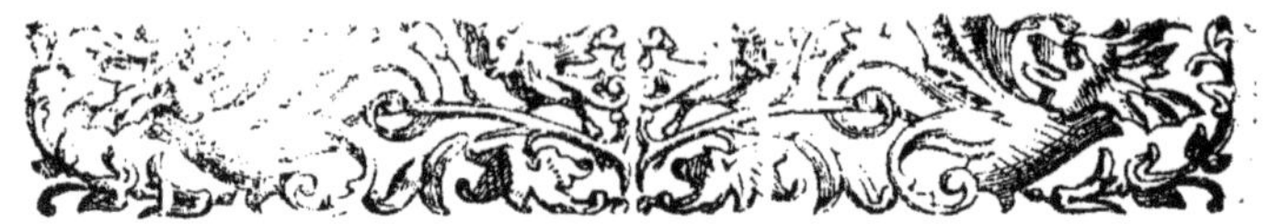

DESIGNATION

MEUBLES

1 — Belle chambre à coucher de style Louis XV, en palissandre sculpté et ciré, orné d'une marqueterie de bois à guirlandes, rinceaux, masques de lions et dauphin au milieu d'ornements; elle se compose d'un lit de milieu, d'une armoire à glace et d'une table de nuit de la maison Kriéger.

2 — Meuble de salon bois sculpté doré de style Louis XV recouvert en soierie crème.

3 — Chambre à coucher Louis XVI noyer ciré et frisé comprenant : lit de milieu avec sommier, armoire à glace, et table de nuit.

4 — Chambre à coucher en noyer de style Louis XV ciré et frisé comprenant une armoire à glace s'ouvrant à deux portes galbées sur les côtés, le lit de milieu avec sommier et la table de nuit.

5 — Commode psychée en noyer ciré et frisé style Louis XV.

6 — Deux chaises en acajou foncée de canne style Louis XVI.

7 — Console en bois doré dessus en marbre blanc, style Louis XV.

8 — Table à thé en bois de luxe orné de bronzes style Louis XV.

9 — Vitrine en acajou et bois de rose ornée de bronzes ciselés et dorés, style Louis XVI.

10 — Table de salon en acajou ornée de bronzes ciselés avec dessus en marbre, style Louis XVI.

11 — Deux chaises laquées, soierie à rayures style Louis XVI.

12 — Support en bois sculpté représentant un nègre accroupi.

13 — Petite table en marqueterie de bois de luxe et bronze style Louis XV.

14 — Bahut orné de marqueterie de cuivre et de bronzes.

15 — Chaise-longue recouverte en peluche bleue.

16 — Ecran en noyer avec peluche brodée.

17 — Table de salon ornée de marqueterie de bois, style Louis XV.

18 — Méuble d'encoignure orné de marqueterie de bois.

19-20 — Deux supports en bois doré forme têtes de chérubins.

21 — Commode psychée de la maison Maple et Cie.

22 — Belle vitrine en acajou et bronzes finement ciselés de style Louis XVI.

23 — Guéridon en acajou orné de figurines dorées et de bronzes, dessus en marbre style Empire.

24 — Petit meuble à deux corps en noyer sculpté de style Renaissance.

25 — Buffet à étagère en chêne sculpté dessins à divers animaux.

26 — Table à jeu en marqueterie genre de BOULE.

27 — Meuble de bois sculpté et doré Louis XV recouvert en soierie crème.

28 — Chambre à coucher style Louis XVI en noyer ciré et frisé composé d'armoire à glace à une porte et un lit de milieu avec son sommier.

29 — Chambre à coucher en palissandre ciré de style Louis XV, composée d'un lit, une armoire à glace et d'une table de nuit.

30 — Régulateur en bois sculpté. Epoque XVIIIe siècle.

31 — Vitrine en bois de rose et violette de style Louis XVI.

32 — Chaise en noyer sculpté d'époque LouisXV.

33 — Six chaises et trois fauteuils en bois sculpté noir, Louis XIV.

34 — Chaise dorée en bois sculpté et doré

OBJETS D'ART

35 — Pendule Louis XVI en bronze ciselé et doré, offrant sur un côté une figurine d'amour et de l'autre un globe terrestre socle, en marbre blanc.

36 — Statuette en bois sculpté du XVIe siècle représentant St-Jean.

37 — Pupître époque du Ier Empire.

38 — Deux vases en porcelaine pâte tendre fond ivoire, décorés de sujets allégoriques et rehauts d'or, monture en bronze doré.

39 — Glace avec cadre en porcelaine fond bleu turquoise.

40 — Vase en porcelaine décoré d'une scène de chasse sur un fond bleu, anses à cariatides de satyres, monture en bronze doré.

41 — Paire de vases en porcelaine pâte tendre, décorés de sujets de chasse sur fond bleu, anses à cols de cygnes, montures en bronze doré.

42 — Paire de vases en porcelaine pâte tendre décorés d'amours en camaïeu rose, anses à têtes de femmes.

43 — Vase en porcelaine pâte tendre style Régence, fond rose et décorée de peinture représentant les Fiancés et la Nuit par BELLANGER, monture en bronze doré.

44 — Paire de vases Louis XVI en porcelaine pâte tendre, couvercles en forme de couronnes royales et décorées de peintures allégoriques et rehauts d'or, montures en bronze doré.

45 — Beau vase en bronze ciselé argenté et doré intérieur en cristal.

46 — Lampe en forme de figure grotesque en grès émaillée, monture en argent ciselé, à trois lumières, préparée pour l'électricité.

47 — Petite lampe en forme de cornemuse, en grès émaillé, monture en argent ciselé, à deux lumières, préparée pour l'électricité.

48 — Garniture de cheminée composée d'une pendule en bronze doré et de deux candélabres.

49 — Deux petits bronzes dorés sur socle marbre : Paysans dansant.

50 — Petite boîte en bronze doré ornée d'une miniature.

51 — Plat et aiguière en étain finement ciselé.

52 — Thermomètre en bronze figurant la colonne Vendôme.

53 — Encrier en bronze orné de chimères.

54 — Service de fumeur en bronze ciselé et ajouré.

55 — Corbeille en étain ciselé.

56 — Cruche en étain ciselé, enfants et plantes.

57 — Petite jardinière en argent, style Louis XV.

58 — Encrier en marbre, orné de sujets allégoriques en bronze argenté.

59 — Service de fumeur en ivoire.

60-61 — Surtout de table argenté, comprenant un plateau avec glace et une corbeille. Style Louis XV.

62 — Chien de chasse en bronze, par Delabrière.

63 — Vase en onyx et bronze cloisonné.

64 — Glace psyché en métal argenté.

65 — Deux petites statuettes en porcelaine.

66 — Vase en métal genre Art nouveau.

67 — Deux vases en porcelaine de Vallauris.

68 — Jumelle de théâtre.

69 — Jumelle pliante de théâtre.

70 — Pichet en verre, monture en étain.

71 — Vase en porcelaine blanche, décor à personnages, monture bronze.

72 — Coupe à fruits.

73 — Petit lustre en verre de Venise.

74 — Porte-flacon forme coquillage.

75 — Coupe en bronze de Barbedienne.

76 — Grand vase en faïence, décor à fleurs.

77 — Tête de Diane en marbre, d'après Houdon.

78 — Deux bouts de table à deux lumière. Style gothique.

79 — Deux vases cassolettes en marbre vert et bronze ciselé. Style Louis XVI.

80 — Lustre en verre de Venise.

81 — Deux lampes à pétrole en bronze.

82 — Tête d'enfant en marbre.

83 — Cachet en bronze doré. Epoque premier Empire.

84 — Deux grands vases en marbre avec guirlandes de fleurs en bronze doré. Style L. XVI.

85 — Pendule en marbre noir.

86 — Deux candélabres en cuivre.

87 — Petite glace Empire.

88 — Petite glace Louis Philippe.

89 — Broc en faïence ancienne.

90 — Potiche en porcelaine de Chine.

91 — Deux petites potiches décor bleu, L. XVI.

92 — Deux petites statuettes anciennes en bois sculpté.

93 — Corps de pendule Empire, marbre et bronze doré.

94 — Deux chandeliers Louis XVI.

95 — Vase en cristal Louis XIV avec incrustation or.

96 — Petit vase en porcelaine de Chine, coquille d'œuf.

97 — Groupe en terre cuite : trois vieillards assis sur un banc.

98 — Baromètre Louis XVI, cadre en bois doré.

99 — Gourde en faïence Louis XIV.

100 — Plat bleu, reflets métalliques.

101 — Encrier bronze. Style Louis XIV.

102 — Miniature sur ivoire. Portrait d'homme Louis XVI.

103 — Deux plats napolitains.

104 — Vase en verre de Bohême.

105 — Saladier en porcelaine de Chine.

106 — Petit cadre ivoire. Style Louis XVI.

107 — Pendule, style Empire, surmontée d'une statuette : Le joueur de flute.

108 — Sac à main en cuir écrasé.

109 — Jardinière cristal style Louis XVI, monture bronze argenté.

110 — Cave à liqueurs genre anglais, composé de trois carrafons et douze verres en cristal de Baccarat.

111 — Statuette : Amour en bois sculpté et doré.

111 *bis* — Casier en bronze ajouré.

111 *ter* — Petite lampe en émail cloisonné arrangée pour l'électricité.

112 — Lampe de pied en fer forgé.

112 *bis* — Glace avec cadre doré. Style Louis XV.

BIJOUX, ARGENTERIE

OBJETS DE VITRINE

113 — Bague croisée enrichie de brillants et rubis.

114 — Pendentif tout en brillants avec perle poire.

115 — Bague marquise avec brillant entouré de quatre saphirs et ayant la forme de poire.

116 — Bague forme fleurs ornée de quatre brillants et de petits brillants.

117 — Bague croisée, enrichie de deux brillants.

118 — Bague croisée avec perle et brillant.

119 — Bague croisée ornée de brillants et émeraude.

120 — Bague marquise avec émeraude, brillants et roses.

121 — Bague genre Art nouveau avec brillants et roses.

122 — Bague marquise ornée de brillants.

123 — Bague en or, brillants avec émeraudes.

124 — Bague marquise, deux brillants avec petits brillants et rubis.

125 — Bague marquise, rubis entouré de petits brillants.

126 — Glace à main en bronze doré, ornée d'une miniature.

127 — Bonbonnière sur ivoire, ornée d'une miniature.

128 — Miniature sur ivoire représentant Mme Victoire en Diane chasseresse d'après Nottier.

129 — Miniature ovale sur ivoire représentant la Reine Marie-Antoinette, d'après Mme Vigée Lebrun.

130 — Bague en or, ornée d'un saphir entouré de diamants avec motifs sur le corps, entouré de diamants.

131 — Marquise en or et platine, ornée d'un rubis d'Orient au centre, avec diamants et roses.

132 — Epingle de cravats en or et platine orné d'un brillant entouré de quatre perles.

133 — Paire de boucles d'oreilles en or, ornée d'opales, entourées de diamants.

134 — Aumonière en argent.

135 — Bague en or et platine avec perle entourée de diamants.

136 — Bague en or, ornée d'un saphir cabochon entouré de diamants.

137 — Bague en or, rivière avec saphirs entre deux rangées de brillants.

138 — Miniature genre de Boucher : Pastorale.

139 — Miniature, genre de Greuze. Tête d'enfant.

140 — Miniature représentant la Reine Hortense.

141 — Miniature sur ivoire, portrait de femme.

142 — Paire de boutons d'oreilles or deux diamants et deux perles fines.

143 — Paire boutons d'oreilles or, deux brillants.

144 — Bague marquise enrichie de brillants et rubis d'Orient.

145 — Bague or saphir entouré de dix brillants.

146 — Epingle de cravate or, perle fine.

147 — Bague marquise diamants, émeraude et rubis.

148 — Trois boutons de chemise entourés de trois perles fines.

149 — Epingle de cravate trèfle enrichie de rubis et perle.

150 — Bague Louis XVI, ornée de marcassites.

151 — Broche corbeille ornée de marcassittes.

152 — Deux statuettes de faunes en ivoire.

153 — Vide-poche forme carpe en métal argenté.

154 — Montre or remontoir broche ornée de rubis d'Orient et diamants.

155 — Chaîne en argent doré pendentif art nouveau orné de turquoises roses.

156 — Sautoir en or enrichi de rubis, saphirs, émeraudes et pierres fines.

157 — Bague or jumelle brillant et perle fine.

158 — Bourse en argent avec compartiment.

159 — Couvert et couteau en argent et vermeil style russe, dans leur écrin.

160 — Couvert et couteau en argent de même style dans leur écrin.

161 — Porte-plume et coupe-papier en argent dans leur écrin.

162 — Cendrier en argent forme de poisson.

163 — Bourse en argent doré avec compartiment.

164 — Bonbonnière en argent.

165 — Tasse et soucoupe en l'argent en partie émaillé et doré, intérieur vermeil.

166 — Service de toilette en argent.

167 — Coupe en argent style Louis XV.

168 — Surtout de table en glace avec bordure bronze style Restauration.

169 — Coupe en cristal monture en bronze argenté.

170 — Deux salières en argent ciselé, style Louis XV.

171 — Deux salières en argent ciselé, style Louis XV.

172 — Petit pot à crème en argent.

173 — Argenterie de table de style Louis XV.

174 à 183 — Suite de faïences de Pull, pièces de formes coupes, vases, plats et assiettes, décor dans le genre de Bernard Palissy.

TABLEAUX

DESSINS, AQUARELLES, GRAVURES

184 — AULEWY. Paysage.

185 à 186 — BAUDOIN (d'après). Deux gravures, à la sanguine.

187 — BERCKHEYDEN (Gérard). Le marché hollandais.

188 — BOILLY. Portrait de jeune fille.

189 — BOILLY. Portrait de jeune femme.

190 — BRUN. L'invocation à St-Nicolas.

191 — CHARLIER. Nymphes. Cadre en bois sculpté.

192 — COGNET (Ecole de Léon). Sous bois.

193 — DARGELAS. La partie de colin-maillard.

194 — DEBRACKELER (attribué à HENRI). Intérieur de cuisine.

195 — DECAMPS (genre de). Les Saltimbanques.

196 — DEMARNE (attribué à). Paysage animé de petits personnages.

197 — DELPY (H.-J.). Bords de rivière (Soleil couchant).

198 — DIAZ (Genre de). Nymphes et amours.

199 — DIAZ (Attribué à). Paysage.

200 — ERPIKUM (Attribué à). Etude de tête.

201 — FOUQUET (Attribué à Jean). Portrait d'une dame de qualité.

202 — FRAGONARD (fils). Le corps de garde.

203 — FRAGONARD (Ecole de). Scène galante. Sépia dans un cadre en bois sculpté.

204 — FRAGONARD (fils). Les amoureux. Aquarelle.

205 — GIOTTO (Ecole de). Martyr, peinture sous forme de fresque.

206 — GIRARD (Attribué au Baron). La bataille d'Austerlitz.

207 — HOIN (Genre de Claude). Tête d'acteur.

208 — KRAUSSE (D'après). La cinquantaine. Gravure.

209 — LECOINT. Cavaliers. Sépia dans un cadre en bois sculpté.

210 — LEDUCQ. Halte de cavaliers.

211 — LEPICIÉ (Attribué à). Petit paysan.

212 — LEPRINCE (Genre de). Les fumeurs. Dessin à la sépia.

213 — LEPRINCE (Genre de). Scène d'intérieur. Tableau accompagné de la gravure.

214-215 — MORLAND (D'après). Scènes d'intérieur. Deux gravures en couleurs avec cadres en bois sculpté.

216 — NETSCHER (Constantin). Portrait d'un prince hollandais.

217 — ROSA (Ecole de Salvator). Le coche sur la route.

218 — ROUSSEAU (Ecole de). Paysage.

219 — RUI. Médaillon de Gambetta.

220 — TÉNIERS (École de). Scène flamande.

221 — TENIERS (Ecole de David). Intérieur de corps de garde.

222 — TIEPOLO (genre de). Scène biblique. Dessin à la sépia.

223 — TIEPOLO (Ecole de). L'Adoration des mages. Cadre en bois sculpté et doré.

224 — TOCHÉ. Feuille d'éventail. Aquarelle avec poème inédit d'Armand Sylvestre.

225 — TOCHÉ. Poème d'amour. Aquarelle.

226 — VAN DE VELDE (attribué à Adrien). Animaux au repos.

227 — VAN BADEN. Intérieur d'église.

228 — VAN DER VENNE. Sujet d'histoire.

229 — VERNET (Ecole de Joseph). Paysage maritime.

230 — VOLLON (attribué à Antoine). Nature morte (souvenir de 1870).

231 — ECOLE ANGLAISE. Portrait de jeune femme.

232 — ECOLE FRANÇAISE. Amours.

233 — ECOLE FRANÇAISE DU XVIe SIÈCLE. Portrait de femme.

234 — ECOLE FRANÇAISE DU XVIIIe SIÈCLE. Portrait de jeune homme. Cadre en bois sculpté.

235 — ECOLE FRANÇAISE de 1830. Paysages. Deux tableaux.

236 — ECOLE FRANÇAISE. Portait d'actrice. Pastel.

237 — ECOLE FRANÇAISE. Tète de femme. Pastel.

238 — ECOLE FRANÇAISE. Intérieur d'église.

239 — ECOLE FRANÇAISE. Portrait de femme. Pastel.

240 — ECOLE MODERNE. Paysage.

241 — ECOLE MODERNE. Troupeau de bœufs.

242 — ECOLE MODERNE. Paysage.

243 — ECOLE MODERNE. La Rosée. Aquarelle.

244 — ECOLE MODERNE. Une rue en Auvergne.

245 — ECOLE MODERNE. Paysage. Quatre tableaux.

246 — ECOLE MODERNE. Scènes de batailles. Deux tableaux.

247 — ECOLE MODERNE. Chat.

248 — ECOLE MODERNE. Paysage. Petite aquarelle.

249 — Portrait de femme avec corsage orné de dentelles et de rubans, gravure.

250 — Les Pestiférés de Jaffa. Gravure.

251-254 — Quatre gravures d'après Teniers : Délices des flamands et amusements flamands, le Trictrac, les Passetemps de Flandres.

255-256 — Deux gravures d'après Boucher. Le Départ du courrier, L'Arrivée du courrier.

257 — Gravure d'après Van Ostade : Le Bourgmestre.

TAPISSERIES, TAPIS

TENTURES

258 Plafond en soierie ornée d'applications de broderies de soie et d'or.

259-260 — Deux importantes tentures murales en soierie brodée à personnages.

261 — Peau d'ours blanc avec tête naturalisée.

262 — Portière en Karamanie.

263 — Lot de morceaux d'anciens tapis d'Orient.

264 — Tapisserie des Flandres à personnages.

265 — Tapis d'Orient à double face.

266 — Deux rideaux de fenêtre en moire jaune, à rayures blanches et fleurettes.

267 — Petit tapis d'Aubusson.

268-269 — Couverture en satin grenat.

270 — Lot de soieries.

271 — Carpette moquette haute laine.

VOITURE

272 — Coupé Mülbacher à pneumatiques Michelin avec harnais et flèche pour attelage à deux chevaux.

273 — Objets omis.

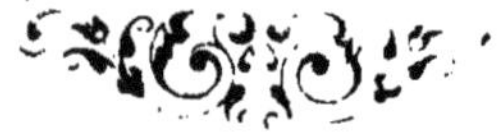

www.ingramcontent.com/pod-product-compliance
Ingram Content Group UK Ltd.
Pitfield, Milton Keynes, MK11 3LW, UK
UKHW020520180726
13839UKWH00005B/2206

9 782329 515434